T0300842

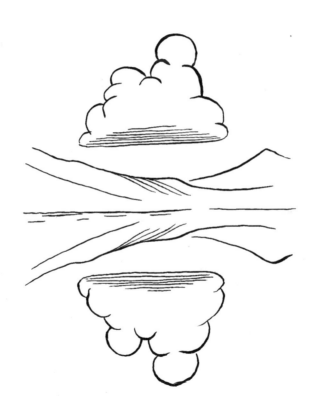

THICH NHAT HANH

Cómo
centrarse

Traducción de Antonieta Martín

editorial airós

Título original: HOW TO FOCUS by Thich Nhat Hanh

© 2022 by Plum Village Community of Engaged Buddhism, Inc.
Todos los derechos reservados. No se puede reproducir ninguna parte de este libro, por ningún medio
electrónico o mecánico, ni por cualquier tipo de almacenamiento de información o sistema de recuperación,
sin el permiso por escrito de Plum Village Community of Engaged Buddhism, Inc.

© de la edición en castellano:
2022 by Editorial Kairós, S.A.
Numancia 117-121, 08029 Barcelona, Spain
www.editorialkairos.com

Ilustraciones © 2019 by Jason DeAntonis

© Traducción del inglés al castellano: Antonieta Martín

Primera edición: Enero 2023
Segunda edición: Octubre 2024
ISBN: 978-84-1121-066-9
Depósito legal: B 19.670-2022

Fotocomposición: Florence Carreté
Tipografía: Californian, cuerpo 10,5, interlineado 16

Impresión y encuadernación: Índice. 08040 Barcelona

Sumario

Notas
sobre enfocar

El río debe estar en calma
para poder reflejar una luna completa.

Una mente clara tiene la visión
sobre la verdadera naturaleza de las cosas.

La atención y la felicidad están conectadas

L a plena consciencia es el milagro que puede restablecer la totalidad de nuestra mente dispersa, llamándola a que vuelva para que podamos vivir conscientemente cada momento de la vida.

La plena consciencia siempre trae concentración y la concentración nos trae la visión profunda.

Cuando bebes tu taza de té, si estás concentrado y enfocas tu atención en él, entonces la taza de té se convierte en una gran alegría para ti. La plena consciencia y la concentración traen consigo no solo la visión, sino la felicidad también.

La concentración
nos hace comprender

Cuanto más conscientes, más concentrados estaremos. La palabra para concentración en sánscrito es *samadhi*, que significa constancia, sin interrupción, sin titubeo. El objeto de tu concentración puede ser una nube, una flor o tu ira. Si tu enfoque se acaba y poco después vuelve a regresar, no es concentración. En el estado de concentración, mantienes el foco constante, sin cambio y continuo. Cuando nuestra plena consciencia y concentración son poderosas, podemos traspasar todo y obtener una visión profunda. La visión nos hace comprender y tiene el poder de liberarnos de la ignorancia, discriminación, deseo, miedo, ira y desesperanza.

Tocar la vida profundamente

Puedes disfrutar cada momento de tu vida diaria cuando tienes plena consciencia y concentración. Cuando camino conscientemente de un sitio a otro sitio, disfruto mi inhalación, mi exhalación y mis pasos. Cuando estás concentrado, te sumerges profundamente en lo que está ahí. Cuando contemplas una flor, te pones en contacto profundo con la flor, que es una maravilla de la vida.

Cuando tomas tu taza de té y la disfrutas, entras en contacto profundo con tu té y gozas la paz, alegría y libertad que te ofrece el beber té. La libertad es nuestra práctica. Si tienes alguna libertad y solidez que te llegan a través de la plena consciencia y concentración, entonces la paz es posible.

Volver a nosotros

En la vida diaria constantemente nos perdemos en el olvido. La mente se va detrás de mil cosas y rara vez nos tomamos el tiempo de volver a casa. Cuando hemos estado perdidos en el olvido mucho tiempo, perdemos el contacto con nosotros mismos y nos sentimos alienados. La respiración consciente es una manera maravillosa de regresar a nosotros. Cuando somos conscientes de la respiración, volvemos tan rápido como la luz de un relámpago. Como un niño que regresa a casa después de un largo viaje, sentimos el calor del corazón y nos reencontramos con nosotros otra vez. Regresar a nosotros así es ya un éxito importante en el camino hacia la plena consciencia, la concentración y la visión profunda.

Tocar las maravillas de la vida

Con la respiración consciente, entramos en contacto con la vida en el momento presente, el único momento en que podemos tocar la vida. Cuando enfocas tu atención a tu respiración, encuentras muy pronto que eres una realidad viviente, presente aquí y ahora, sentado en este hermoso planeta Tierra. A tu alrededor hay árboles, sol brillante y un cielo azul. La plena consciencia y la concentración te ponen en contacto con las maravillas de la vida y te permiten valorar y atesorar estas cosas.

Libres de arrepentimiento y ansiedad

Respirar con plena consciencia es una forma milagrosa de desatar nudos de arrepentimiento y ansiedad y poder regresar a la vida en el momento presente. Si estamos encarcelados por arrepentimientos del pasado y ansiedades por el futuro o por apegos y aversión en el presente, no somos libres para estar en contacto con la vida. No vivimos realmente nuestra vida. Cuando respiramos inhalando y exhalando y seguimos nuestra respiración con atención desde que se inicia hasta que termina, estamos ya tranquilos, ya no estamos dominados por nuestras ansiedades y añoranzas. Cuando respiramos con plena consciencia, nuestra respiración se vuelve más lenta y regular; la paz y la alegría surgen y se vuelven más estables en cada momento. Confiando en nuestra respiración, volvemos a nosotros restableciendo la unidad de nuestro cuerpo y mente y volvemos a la integridad. Cuando cuerpo y mente están juntos, estamos del todo presentes, completamente vivos y podemos estar en contacto verdadero con lo que sucede en este momento.

Enfocar empieza
con la respiración

Convertimos nuestra respiración en el primer objeto de nuestra mente concentrada. Ponemos toda nuestra atención en nuestra respiración para que la mente y la respiración se vuelvan una sola cosa. Después de enfocar nuestra respiración, podemos practicar enfocarnos en otros fenómenos. Cuando usamos nuestra respiración para traer toda la energía de la mente consciente a un punto, nuestra confusión se detiene y podemos sostener la energía de nuestra mente en un objeto. Mientras continuamos practicando, mirando profundamente en el corazón del objeto en que nos enfocamos, llegaremos a la visión profunda y la comprensión.

Conscientes
de las sensaciones

Podemos decir que las sensaciones son placenteras, dolorosas o neutras. Cuando practicamos la meditación, descubrimos qué interesante es observar las sensaciones neutras. Mientras nos sentamos sobre la hierba con la mente en cualquier lugar, podemos tener una sensación neutra. Pero si nos hacemos conscientes de esa sensación neutra, veremos que realmente es maravilloso estar sentado sobre la hierba bajo el sol brillante. Mientras observamos el río de nuestras sensaciones con plena consciencia y concentración, vemos que muchas sensaciones neutras son realmente muy placenteras.

Tomando decisiones

Cuando hay ansiedad, irritación o ira en nosotros, no podemos decidir con claridad qué hacer. Cuando vuelves a ti y respiras conscientemente, la atención de la mente tiene un solo objeto: tu respiración. Si continúas inhalando y exhalando con plena consciencia, mantienes ese estado de presencia y libertad. Tu mente será más clara y podrás tomar mejores decisiones. Es mucho mejor tomar una decisión cuando tu mente está clara, en vez de tomarla cuando está dominada por el miedo, la ira, los pensamientos confusos o la preocupación.

Detenerse

L a meditación tiene dos aspectos: detenerse y mirar profundamente. Tenemos la tendencia a subrayar la importancia de mirar profundamente porque puede traernos visión y liberarnos del sufrimiento y las aflicciones. Pero la práctica de detenerse es fundamental. Detenerse es el comienzo mismo de la práctica de la meditación. Si no podemos detenernos, no podremos tener una visión profunda. Tenemos que aprender el arte de detenernos, detener nuestros pensamientos, nuestras energías de hábito, nuestro olvido y las emociones fuertes que nos gobiernan. Cuando una emoción entra velozmente en nosotros, como una tormenta, no tenemos paz. Encendemos la televisión y luego la apagamos.

Escogemos un libro y luego lo dejamos. ¿Cómo podemos detener este estado de agitación? Podemos detenernos si practicamos la respiración consciente, caminamos conscientes y miramos profundamente para poder comprender. Cuando estamos en plena consciencia, tocando profundamente el momento presente, los frutos son siempre la comprensión, la aceptación, el amor y el deseo de aliviar el sufrimiento y traer alegría.

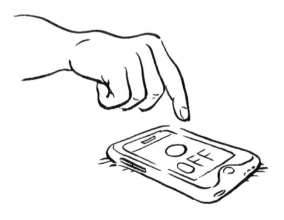

Una mente clara

Meditar no es evitar los problemas o huir de las dificultades. No practicamos para escapar. Practicamos para tener la fuerza suficiente para enfrentar de manera efectiva los problemas. Para lograr esto, debemos estar en calma, frescos y sólidos. Esta es la razón por la que necesitamos practicar el arte de detenernos. Cuando aprendemos a parar, nos volvemos más calmados y nuestra mente se vuelve más clara, como el agua clara una vez que las partículas de lodo se han estancado en el fondo.

Andar en libertad

Es posible disfrutar cada paso que des en cualquier momento cuando sientes la necesidad de moverte de un lugar a otro, sin importar lo corta que sea la distancia. Si das cinco pasos, conviértelos en una meditación andando. Cada paso te traerá alegría y estabilidad.

Cuando subes las escaleras, sube cada escalón en plena consciencia, concentración y alegría. De esta forma estarás haciendo exactamente lo que Buda hacía: generar y transferir lo mejor de ti al mundo. La paz, la felicidad y la hermandad se hacen realidad si sabemos cómo vivir nuestra vida diaria con plena consciencia y concentración. Invierte el cien por ciento de ti en la caminata. Hazte consciente de cada paso. Eres tú quien está andando conscientemente. Tus preocupaciones habituales y formas de pensar no son las que te están llevando. Tú tienes la soberanía. Tú eres quien decide. Estás andando porque quieres hacerlo, en cada paso tú tienes la libertad. Das cada paso con un propósito, cada paso consciente te pone en contacto con las maravillas de la vida que se encuentran disponibles en el aquí y el ahora.

Esta es la razón por la que cuando caminas no piensas. Si piensas, el pensamiento te robará la caminata. No hablas, porque el habla se llevará tu caminata. Si caminas sin pensar ni hablar, es un placer. Cuando la plena consciencia y la concentración están vivas en ti, eres totalmente tú. No te pierdes. Caminas con gracia y dignidad. Sin plena consciencia, pensarás que andar es una imposición, una tarea. Con plena consciencia, puedes ver el andar como vida.

Mientras andas, deja que tus pasos sigan el ritmo de tu respiración. Que tu respiración sea natural. Inhalando, si tus pulmones necesitan dos pasos, da dos pasos; si tus pulmones desean tres pasos, entonces da tres pasos. Al exhalar puede ser que quieras dar dos o más pasos que los que diste al inhalar. Escucha a tus pulmones. Aun si tu entorno está lleno de ruido y agitación, todavía puedes andar al ritmo de tu respiración. Aun dentro de la conmoción de una gran ciudad, puedes caminar con paz, felicidad y una sonrisa interna. Cada paso debe ser disfrutable.

Radio NPP

La mayor parte de nosotros tenemos una radio que está encendida constantemente en nuestra cabeza, en la estación NPP: «No Parar de Pensar». La mayor parte de este pensamiento es improductivo. Cuanto más pensamos, menos disponibles estamos para lo que nos rodea. Nuestra mente está llena de ruido y esa es la razón por la que no escuchamos la llamada de la vida. Nuestro corazón nos llama, pero no lo escuchamos. No tenemos tiempo de escucharlo. Tenemos que aprender a apagar la radio y dejar de pensar en nuestro discurso interno, para poder disfrutar por completo el momento presente y vivir la vida.

La respiración consciente y nuestros pasos podrán sacarnos de nuestros pensamientos y traernos de vuelta a la alegría de estar vivos.

Energía de hábito

Es posible que tengamos el deseo de detenernos, pero nuestras energías de hábito son, casi siempre, más fuertes que nuestro deseo. La energía de hábito se llama *vasana* en sánscrito. Es muy importante reconocer nuestra energía de hábito. Esta energía puede habernos sido transmitida por muchas generaciones de ancestros, y continuamos cultivándola. Es muy poderosa. Somos suficientemente inteligentes para saber que, si hacemos o decimos tal cosa, dañaremos nuestra relación. Sin embargo, llegado el momento, lo hacemos o decimos de cualquier manera. ¿Por qué? Porque nuestra energía de hábito es más poderosa que nosotros. Nos empuja todo el tiempo. Aun cuando quieras detenerte, no te lo permite. Decimos y hacemos cosas que no deseamos hacer y, después, lo lamentamos. Sufrimos y hacemos sufrir a los demás, y hacemos mucho daño. Prometemos no volverlo a hacer, pero volvemos a hacerlo porque nuestras energías de hábito nos empujan. Necesitamos la energía de la plena consciencia para reconocer y estar presentes con la energía de hábito y detener ese curso destructivo.

Con plena consciencia tenemos la capacidad de reconocer la energía de hábito cada vez que se manifieste. Podemos decir: «Hola, energía de hábito, ¡sé que estás ahí!». Con solo sonreírle perderá mucha fuerza. La plena consciencia y la concentración son las energías que nos permiten reconocer nuestra energía de hábito y evitar que nos domine. Intelectualmente, sabemos que deberíamos vivir en el momento presente. Sin embargo, siempre nos empuja nuestra energía de hábito para seguir con prisas. Hemos perdido la capacidad de estar en el momento presente. Esta es la razón por la que es tan importante practicar plena consciencia y concentración, hablar y leer sobre ellas no es suficiente.

Mirar en profundidad

En la meditación practicamos la concentración, trayendo todo el enfoque afinado y claro. Esto se llama la mente en un solo punto. Solo cuando tenemos concentración, podemos trabajar el mirar profundamente. Usamos nuestra respiración para traer toda la energía de nuestra mente consciente a un solo punto. Nuestra confusión se detiene y nosotros podemos sostener la energía de nuestra mente concentrada en un solo punto. El objeto de nuestra concentración, la abeja reina alrededor de la que nuestro enjambre de pensamientos puede reunirse, puede ser la respiración, una hoja, un guijarro, una flor o la situación en la que nos encontramos, y también una persona a quien queremos comprender mejor o cualquier otra cosa que queramos hacer objeto de nuestro enfoque meditativo. Se trata de poner el reflector en el objeto de nuestra concentración. Del mismo modo como cuando una actuación está en el foro y el reflector enfoca solo a los actores, nosotros enfocamos nuestra mente intencionalmente en el objeto de nuestra concentración. Cuando usamos una lente para enfocar la luz del sol en un punto, esta energía está concentrada tan eficientemente que puede quemar y perforar un pedazo de tela. Del mismo modo, enfocamos nuestra mente consciente en un punto, en un objeto, para poder penetrarlo y entenderlo mejor.

Meditación de la naranja

Cuando comes una naranja, convierte el comerla en una meditación. Siéntate de manera que estés confortable y sólido. Mira la naranja de manera que puedas reconocer esa naranja como un milagro. Una naranja no es algo menor a un milagro.

Sostén la naranja en la palma de tu mano, mírala y sonríe. Puedes mirar el naranjo, la flor de la naranja, puedes ver el sol sobre las hojas, la lluvia que penetra el suelo y más abajo y puedes mirar la forma del pequeño fruto y cómo este fruto ha crecido y se ha convertido en una hermosa naranja. Así es que, mirando y sonriendo a la naranja, te puedes poner en contacto con las maravillas de la vida, porque una naranja es una maravilla de la vida. Debido a nuestra falta de plena consciencia y concentración, ignoramos estos hechos, no vemos que la naranja en la palma de nuestra mano es realmente un milagro. Cuando miras y sonríes a la naranja, puedes verla realmente en todo su esplendor, en su naturaleza milagrosa. Y, de pronto, tú mismo eres un milagro. Eres un milagro  frente a otro milagro. Quitas la piel a la naranja. La hueles y dentro ti está el elemento de solidez, la presencia verdadera y la consciencia. La vida en este momento se vuelve real, algo maravilloso.

Los caminos neuronales

En tu cerebro existen los trazos de muchos caminos neuronales que pueden llevar al sufrimiento o a la felicidad. Puede que viajes por algunos de ellos frecuentemente y se hayan convertido en hábitos que te llevan a reaccionar siempre igual. Por ejemplo, cuando entras en contacto con algo, quizá un recuerdo o un objeto, puede ser que siempre te lleve al camino de la ira y el odio. Con la práctica de la plena consciencia, la concentración y la visión profunda, puedes escoger enfocarte en otra cosa que sea sana y que te cause una sensación de felicidad. O cuando surge una situación que siempre te lleva a reaccionar de manera que te produce sufrimiento, si estás en consciencia plena, puedes escoger una forma de responder más clara y comprensiva. Si lo repites varias veces, empezarás a abrirte un nuevo camino neuronal que te lleve a la alegría y a la reconciliación.

Supón que alguien dice algo que te hace enojar y tu hábito es una respuesta de castigo, a sabiendas que eso no ayudará. La plena consciencia puede ayudarte a no responder demasiado rápido. Puedes decir: «Hola, ira, eres mi vieja amiga. Sé que estás ahí. Yo te cuidaré muy bien». Reconocer y abrazar a tu ira te traerá alivio. Practicar la plena consciencia de la compasión de esta manera, dirigida a ti y a la persona que crees que es la que causa tu ira, permite que surjan la compasión y la comprensión y que tu sufrimiento e ira empiecen a derretirse. Tú puedes ver el sufrimiento en la otra persona y encontrar algo que decir para ayudarla.

Formaciones mentales

Estar conscientes de nuestra mente significa estar conscientes de nuestras «formaciones mentales», o sea, de nuestros variados estados mentales. Una «formación» es cualquier cosa que se compone de otros elementos. Una flor es una formación física. Está hecha de sol, lluvia, tierra, semillas, etc. Nuestra mano es una formación fisiológica. Nuestra ira es una formación mental; la plena consciencia y la concentración también son formaciones mentales. De acuerdo con mi tradición, existen cincuenta y una formaciones mentales. Cuando era un joven novicio, tuve que memorizarlas todas. Es importante que nos entrenemos para reconocer cada formación mental cuando surja y poderla llamar por su nombre. Contemplar la mente significa contemplar las formaciones mentales.

Las cinco formaciones mentales universales

De las cincuenta y una formaciones mentales, cinco son formaciones mentales universales que operan todo el tiempo: el contacto, la sensación, la atención, la percepción y la volición. Estas forman una secuencia, con una formación mental liderando a la siguiente, y todo el proceso desde el contacto hasta la volición puede acontecer en menos de un segundo. El contacto ocurre cuando un órgano sensorial toca un objeto (por ejemplo, cuando nuestros ojos ven una flor). Seamos o no conscientes de ello, nuestros sentidos siempre están entrando en contacto con algo. Un contacto puede darnos la impresión de ser suave o fuerte. Solo cuando la intensidad de un contacto es suficientemente importante, se manifestará la atención. El contacto también sirve de cimiento para que surja la sensación. La plena consciencia puede entrar en cualquier momento. Pero si la traemos en este punto, puede intervenir en el proceso de percepción antes de que las energías de percepción y volición te lleven a responder como tu hábito lo haría. La percepción es la energía que reconoce la forma y características del objeto de nuestra atención y le da un nombre, como «hoja» o «montaña». Tenemos el concepto de lo que está ahí. Pero tenemos que ser cuidadosos porque todos somos víctimas frecuentes de la percepción equivocada. Vemos una cuerda y podemos pensar que es una serpiente. Así es que, cuando tocamos algo con la mente, debemos saber antes que nada que es un objeto de nuestra percepción y que nuestra percepción puede ser errónea. La plena consciencia nos puede ayudar a evitar tener percepciones erróneas.

Percepciones y sensaciones dan lugar a la volición, la energía que nos mueve a responder, a hacer algo, a correr hacia delante o a alejarnos. Algunas veces sabes que hacer una determinada cosa puede destruirte y, aun así, quieres hacerlo, porque tu volición es muy fuerte. Con intervención de la plena consciencia y la concentración, puedes tener la visión y determinación para decir no y liberarte.

Nuestro cerebro tiene neuroplasticidad, puede cambiar y podemos cambiar. Las cinco formaciones mentales universales tienen un neurocamino que puede llevarnos a la respuesta habitual o, con la intervención de plena consciencia, concentración y visión profunda, podemos crear un nuevo camino neuronal que nos lleve a la comprensión y la compasión, la alegría y la sanación.

El secreto del éxito
en la meditación

La práctica de no pensar es el secreto del éxito en la meditación. Cuando el pensamiento se instala en la mente, pierdes la primera impresión del contacto y la oportunidad de estar en el aquí y el ahora, de estar en contacto con lo que está en ti y a tu derredor. En lugar de permitirlo, solo hazte consciente del contacto y las sensaciones. Entonces podrás tocar los elementos de nutrición y sanación que se encuentran en tu cuerpo y el ambiente, tanto físicos como mentales. Cuando la sensación es placentera, deja todo pensamiento y hazte solo consciente de la sensación. Puede ser una sensación agradable la de caminar descalzo sobre la playa. Al andar sobre la playa puedes ser muy feliz si puedes dejar de pensar en esto o aquello. Cepillarte los dientes, ir al retrete, encender la luz o abrir el grifo del agua, cualquier momento puede ser de felicidad.

Saborear un pastel de frijol

Cuando yo tenía cuatro o cinco años, cada vez que mi madre iba al mercado, me traía un pastel hecho de pasta de frijol. Mientras ella no estaba, yo jugaba en el jardín con los caracoles y las piedrillas, y cuando mi madre regresaba, yo me sentía muy feliz de verla. Tomaba el pastel que me daba y salía a comérmelo en el jardín. Sabía que no debía comerlo rápido. Yo quería comerlo lentamente, cuanto más despacio mejor. Masticaba un pedacito del borde para dejar que el dulzor del pastel llegara a mi boca y, mientras, miraba hacia arriba, hacia el cielo azul. Miraba abajo para ver al perro. Miraba al gato. De esa forma me comía mi pastel, y me tomaba media hora comerlo. No tenía preocupaciones, no pensaba en la fama, los honores, ganar dinero, el pasado o el futuro.

Todos hemos vivido momentos como este cuando no deseamos nada, no nos arrepentimos de nada. No nos hacemos preguntas filosóficas como «¿Quién soy yo?». ¿Podríamos comer un pastel de esa manera ahora?

Es esto

La oportunidad que has estado esperando está aquí en el momento presente. Cada paso es esa oportunidad; cada respiración es la oportunidad, una oportunidad para que regreses al ahora y dejes tu errar sin fin, esperando a que llegue ese día.

> El día que has estado esperando es hoy,
> el momento que has estado esperando
> es este preciso momento.

Debes traspasar el velo del tiempo y del espacio para llegar al aquí y al ahora. No importa cuáles sean tus circunstancias, la oportunidad está aquí para ti. En el ahora, encontrarás todo lo que has estado buscando.

Sé el soberano de tu territorio

Imagina que existe un país que no tiene un gobierno, un rey o una reina o un presidente. No hay nadie que se haga cargo del país. Ese país requiere un gobierno. Pues lo mismo nos pasa a nosotros. Necesitamos estar presentes en nuestro territorio para hacernos cargo de él, porque nuestro territorio es grande, incluye nuestro cuerpo, sensaciones, percepciones, formaciones mentales y consciencia. Necesitamos ser el rey o la reina y gobernar el territorio. Necesitamos saber lo que es precioso y hermoso para poder protegerlo. Tenemos que saber qué asuntos no están bien y debemos arreglarlos o transformarlos. Tenemos que ser una buena reina o rey y no huir de nuestro país.

Hay personas que no quieren ser los soberanos, que solo desean huir del trabajo porque piensan que es muy cansado. Huimos mirando televisión, comiendo, usando las redes sociales de comunicación, chequeando nuestro correo o las noticias, jugando con videojuegos, escuchando música o socializando de distintas maneras. No queremos regresar a casa. Como reyes o reinas, tenemos que hacernos conscientes de nuestra responsabilidad, ver qué se requiere para ser el soberano, regresar a nuestro territorio y hacernos cargo de él. Podemos aprender diversas formas de hacerlo. Si practicamos la plena consciencia y la concentración, sabremos cómo hacerlo. Todos los métodos esenciales están en los dieciséis ejercicios de la respiración consciente. [Ver la sección de prácticas en la segunda parte del libro.]

Sé consciente de tu respiración y de tus pasos para que puedas estar realmente presente en cada momento de tu vida y tengas la soberanía de tu reino. Después, cuando desees hablar o actuar, te expresarás conscientemente y podrás escuchar en profundidad y comprender las dificultades y alegrías de otra persona.

Curiosidad e investigación

Si quieres tener éxito en la práctica de la concentración, haz que sea interesante. Si tienes el interés suficiente en el objeto de tu enfoque, será fácil que tengas concentración y puedas tocar el nivel más profundo de tu consciencia. La comprensión es el fruto de la plena consciencia y la concentración. Si no tienes interés en algo, nunca podrás entenderlo. Si no tienes interés en alguien, nunca podrás entender a esa persona. Si tienes profundo interés en los demás, estarás consciente y concentrado y te será fácil saberlo todo sobre ellos. Cuando algo te interesa, cuando es importante para ti, todo se vuelve interesante: una hoja, un guijarro, una nube, un estanque, una persona, una situación, tu hijo. Sientes deseos de mirarlos a todos profundamente para conocer su verdadera naturaleza. La verdadera concentración es aquella que se vuelve fácil, natural, y no requiere esfuerzo.

La dimensión última

Existen dos dimensiones en la vida, y deberíamos tener la habilidad de tocar ambas. Una es como una ola, y la llamamos la dimensión histórica. La otra es como el agua, y la llamamos de dimensión última o nirvana. Nosotros estamos generalmente solo en contacto con la ola, pero cuando descubrimos cómo tocar el agua, recibimos el fruto más alto que la meditación puede ofrecer.

En la dimensión histórica, tenemos certificados de nacimiento y defunción. El día que tu madre fallece, sufres. Si alguien se sienta cerca de ti y te muestra su preocupación, sientes cierto alivio. Este es el mundo de las olas. Se caracteriza por el nacimiento y la muerte, subidas y bajadas, ser y no ser. Una ola tiene un principio y un final, pero no podemos atribuir estas características al agua. En el mundo del agua, no hay nacimiento o muerte, ser o no ser, no hay principio ni final. Cuando tocamos el agua, tocamos la realidad en su dimensión última y nos liberamos de todos estos conceptos. Si sabes cómo tocar a tu madre en la dimensión última, ella siempre estará contigo; podrás ver que ella está ahí en ti, sonriendo. Esta es una práctica muy profunda y es también el alivio más profundo.

Un día estaba a punto de pisar una hoja seca, miré la hoja en su dimensión última. Pude ver que no estaba realmente muerta, se estaba mezclando con el suelo húmedo y preparando para aparecer en el árbol, en otra forma, durante la siguiente primavera. Le sonreí y le dije: «Estás fingiendo». Todo finge nacer y morir, incluyendo la hoja que casi piso. El día de nuestra llamada muerte es el día de nuestra continuación en muchas otras formas.

Mirar profundamente en la naturaleza de la realidad

A diferencia de los científicos, los practicantes espirituales no usan instrumentos sofisticados de investigación. Ellos utilizan la sabiduría interna, su luminosidad, para mirar las cosas. Una vez que nos deshacemos de nuestro apego, miedo e ira, nuestras nociones y conceptos, entonces tenemos un instrumento brillante con el cual experimentar la realidad libre de nociones dualísticas de nacimiento y muerte, ser y no ser, llegar y partir, igual o diferente. La práctica de la plena consciencia, la concentración y la visión profunda pueden purificar nuestra mente y convertirla en un poderoso instrumento con el cual podemos mirar la naturaleza de la realidad.

Pensar globalmente

Podemos pensar que no somos capaces de tocar la dimensión última, pero eso no es correcto. Ya lo hemos hecho. El problema es cómo hacerlo más profunda y frecuentemente. La frase «Piensa globalmente», por ejemplo, va en la dirección de tocar la dimensión última. Cuando miramos las cosas globalmente, evitamos muchos errores y tenemos una visión más profunda de la felicidad y de la vida. El punto donde estás parado incluye la totalidad de la Tierra. Cuando practicas la meditación andando, te das cuenta de que con cada paso que das estás tocando toda la tierra. Cuando tocas una cosa con profunda consciencia, estás tocándolo todo. Lo mismo sucede con el tiempo. Cuando tocas un momento con profunda consciencia, estás tocando todos los momentos. Si vives un instante profundamente, ese instante contiene todo el pasado y todo el futuro. Cuando bebes una taza de té con plena consciencia, tocas el momento presente y tocas la totalidad del tiempo en él.

Los cuatro nutrimentos

Cuando algo ha tomado forma, tenemos que reconocer su presencia y mirar profundamente en ello para descubrir qué tipo de nutrimentos le han ayudado a manifestarse y continúan alimentándolo. Nada puede vivir sin alimento; el amor, el odio, los pensamientos, la depresión no pueden continuar sin nutrición. Es importante que podamos identificar qué hemos estado ingiriendo que alimenta y sostiene nuestra felicidad y nuestro sufrimiento. Hay cuatro tipos de nutrientes que pueden traernos felicidad o sufrimiento: alimentos, impresiones sensoriales, volición y consciencia. Cuando somos capaces de identificar nuestro sufrimiento y ver sus causas, tenemos más paz y alegría y estamos ya en el camino de la liberación.

Alimentos

Es importante que aprendamos a hacer la compra, cocinar y comer para conservar la salud y el bienestar de nuestro cuerpo y de nuestro espíritu. Solo hemos de comer alimentos que nos traigan paz y bienestar al cuerpo y mente, y que nos ayuden a retener la compasión en nuestro corazón. Tenemos que mirar profundamente para saber cómo hacemos crecer nuestros alimentos para poder comer de manera que se conserve el bienestar colectivo, hacer mínimo nuestro sufrimiento y el sufrimiento de otras especies, para permitir a la tierra que continúe siendo la fuente de vida para todos, asegurando, por tanto, el futuro de nuestros hijos.

Impresiones sensoriales

Nuestros seis órganos de los sentidos, ojos, oídos, nariz, lengua, piel y mente, están en constante contacto con los objetos de los sentidos, y estos contactos se convierten en alimento para nuestra consciencia. Cuando conducimos por una ciudad, nuestros ojos ven muchos anuncios y estas imágenes entran en nuestra consciencia. Cuando hojeamos una revista, los artículos y anuncios alimentan nuestra consciencia. No solo los niños necesitan protegerse de los programas violentos y nocivos, así como de películas, libros, revistas, juegos y medios de comunicación que puedan resultarles perjudiciales. Nosotros también, y somos conscientes, sabremos si ingerimos toxinas o si nutrimos nuestros sentidos con impresiones que alientan la comprensión, la compasión y la determinación de ayudar a otros.

Volición

La volición, nuestro deseo más profundo o intención, es la base de todas nuestras acciones. Debemos preguntarnos: «¿Cuál es mi deseo más profundo en esta vida?». Nuestro deseo nos lleva en la dirección de la felicidad o del sufrimiento. El deseo es una especie de comida que nos nutre y nos da energía. Si tienes un deseo saludable, como sería proteger la vida y el medio ambiente o vivir una vida sencilla y tener tiempo para cuidar de ti y de los que amas, tu deseo te traerá felicidad. Si persigues el poder, la riqueza, el sexo y la fama, creyendo que eso te dará felicidad, estás consumiendo un alimento que traerá mucho sufrimiento. Puedes comprobar que esto es verdad con solo mirar a tu alrededor. Por ejemplo, si crees que ser el presidente de una gran corporación es lo que te hará feliz, todo lo que digas o hagas será en dirección a alcanzar esa meta. Aun cuando duermas, tu consciencia continuará trabajando en ello. O quizá podamos creer que nuestro sufrimiento y el de nuestra familia lo ha traído alguien que nos hizo mal en el pasado. Pensaremos que no seremos felices hasta que podamos lastimar a esa persona, así que nuestra vida estará motivada por el solo deseo de venganza y castigo.

Todo el mundo quiere ser feliz y hay una energía muy fuerte en nuestro interior que nos empuja hacia lo que creemos que nos hará felices. Necesitamos ver que la postura de desear riqueza, fama, posesiones o venganza generalmente es un obstáculo para ser felices. Podemos cultivar nuestro deseo de ser libres de estas cosas y nutrir nuestro deseo más profundo para poder disfrutar las maravillas de la vida que siempre están disponibles: el cielo azul, los árboles, nuestros hermosos hijos.

Consciencia

Si no hemos sido capaces de transformar los eventos dolorosos de nuestro pasado, entonces estos están enterrados todavía en nuestra consciencia. Cuando permitimos que las imágenes dolorosas del pasado surjan, es como si estuviéramos comiéndonos nuestra propia consciencia, y cuanto más pensamos, más enojados y molestos nos sentimos. Masticamos nuestro sufrimiento y desesperación como las vacas mastican su alimento. Rumiamos nuestro sufrimiento y volvemos a sufrir de nuevo. Pero en nuestra consciencia también hay semillas de iluminación. Nuestra consciencia tiene tantos canales como una televisión. ¿Por qué no tocamos el botón de la compasión y la comprensión y cambiamos de canal? Consumimos nuestra consciencia individual y también la consciencia colectiva. En ambas existen alimentos nutritivos y tóxicos. Deberíamos ser conscientes de que cuando pasamos algún tiempo junto a una comunidad que tiene una gran cantidad de odio y desesperación, estas energías penetran en nosotros. Necesitamos encontrar un ambiente que nos nutra, donde las personas estén motivadas por la compasión y por ayudar a los demás.

El Peugeot

En los años setenta, cuando llevaba solo unos pocos años en Francia, nuestro grupo compró un pequeño auto, un Peugeot de segunda mano. Recorrimos Europa en él y lo usamos para transportar no solamente personas, sino arena, ladrillos, utensilios, libros, comida y muchos otros materiales cuando empezamos a construir la Comunidad de la Patata en una vieja granja en las afueras de París. Lo usamos para todo lo que se necesitaba y lo tuvimos muchos años. Cuando el auto se hizo viejo y dejó de funcionar, pasamos por momentos difíciles para dejarlo ir. Estábamos apegados a nuestro pequeño Peugeot, porque tanto el auto como nosotros habíamos pasado por muchas cosas juntos. El coche sobrevivió a averías, numerosos accidentes e incontables reparaciones. Mis amigos y yo estuvimos muy tristes la noche que tuvimos que abandonarlo. Yo no sé si hoy las personas desarrollan esa conexión profunda con las cosas que compran. Muchas personas tienen un deseo fuerte de poseer el último modelo de algún aparato y los fabricantes y anunciantes lo saben. No es por casualidad que las mercancías se hacen para no durar. Los objetos de nuestros deseos cambian constantemente. Y nuestros deseos por los objetos que consumimos también cambian de un momento a otro. Estamos siempre corriendo detrás de algo nuevo. Puede ser que nos enamoremos por un tiempo de lo que acabamos de comprar, pero pronto lo subestimamos, nos aburre, lo tiramos y luego compramos algo más. Cuando creces en plena consciencia y concentración, reclamas volver a la vida. Empiezas a darte cuenta de cuánto tiempo perdemos en el consumo vacío y sin sentido. Si miramos profundamente, veremos que correr en busca de esos objetos de deseo no nos trae felicidad duradera, solo sufrimiento.

Mantener la motivación

Cuando no estamos en contacto con nuestra volición, nuestro deseo más profundo, entonces, por mucho que lo intentemos arduamente, la concentración no vendrá fácilmente. Cuando ese deseo es fuerte en nosotros, la concentración que se requiere para lograr un verdadero despertar llega sin esfuerzo. Ya sea que estemos comiendo, bebiendo, andando o lavando los platos, aun cuando pensemos que no seguimos concentrados en el tema, continuamos con ese deseo. Los científicos y filósofos que están concentrados en sus temas también tienen ese deseo. Cuando tocamos nuestro más profundo deseo, la concentración llega fácilmente y se queda con nosotros por largo tiempo. Estaremos en concentración continua, no solamente en la sala de meditar, sino en el baño, el jardín, la cocina, el mercado y donde sea que vayamos.

Lo espiritual
está en lo común

Con plena consciencia y concentración, todo se vuelve espiritual. ¿Dónde buscas lo espiritual? Busca en cada cosa que hagas cada día. Barrer el piso, regar las plantas o lavar los platos se convierten en santos y sagrados si tienes plena consciencia y concentración. Cada minuto puede ser santo y sagrado.

> Al lavar los platos en la dimensión histórica,
> los veo apilarse alto.
> Mirándolos en la dimensión última,
> la pila no representa un obstáculo.

Como un lago de agua clara en las montañas

Cerca de la montaña, hay un lago de agua clara, el agua tranquila refleja la montaña y el cielo con prístina claridad. Puedes hacer lo mismo. Si estás calmado y quieto, puedes reflejar la montaña, el cielo azul y la luna exactamente como son. Puedes reflejar cualquier cosa que veas exactamente como es, sin ninguna distorsión. Sentado en silencio, solo inhalando y exhalando, desarrollas la concentración, la claridad y la fuerza. Así que siéntate como una montaña. No habrá viento que derrumbe la montaña. Si puedes sentarte durante media hora, disfruta esa media hora. Si puedes sentarte unos minutos, disfruta de sentarte unos minutos. Eso también es bueno.

Una cosa a la vez

Cada mañana en tu trabajo puedes recibir muchos correos importantes y tienes que decidir cuál leer primero. Puede haber dos que parezcan igual de importantes, pero tienes que escoger uno. Después de haber tomado esa decisión, tendrás solamente un correo. Cuando cruzas un puente, solo cruzas el puente. No piensas en el siguiente puente. Tendrás también que cruzarlo, pero solo después de que hayas cruzado el primero. Esta es nuestra práctica, esto es concentración: mente en un punto. Si no nos hemos entrenado en poner toda nuestra atención en un solo objeto, habrá dispersión y distracción. Es una cuestión de entrenamiento. Tienes que estar por completo con lo que está ahí en el aquí y el ahora, la concentración es esencial.

Si eres terapeuta, harás lo mismo. Cuando estás con un paciente, no piensas en otros pacientes. Tienes que enfocar tu mente por completo en este paciente y estar ahí en tu totalidad. Quizá tengas el deseo de hacer muchas cosas, ayudar a muchas personas. Buda también tenía el deseo de ayudar a mucha gente. Pero era capaz de estar totalmente presente con una sola persona para poder entenderla en profundidad, lo suficiente como para ofrecerle la mejor enseñanza y solución. Así es que, como maestro, terapeuta o padre, tienes que practicar de la misma manera: enfocar tu atención en un solo objeto en el aquí y el ahora.

Visión correcta

Practicamos la consciencia plena y la concentración para tener la visión correcta. De otra forma, nuestra visión no será acorde a la realidad, no tendrá la sabiduría de la impermanencia, no ser, no discriminación o interser y, por lo tanto, nuestro pensamiento, habla y acciones producirán sufrimiento para nosotros y los demás. Hasta que podamos ver claramente, nuestras percepciones erróneas nos apartarán de la visión correcta. Tocar la realidad profundamente es la forma como nos liberamos de las percepciones equivocadas. Cuando tenemos los cimientos de la visión correcta, cada pensamiento, palabra y actividad que hagamos estará en línea con la mirada de la visión correcta. Hay muchas prácticas de concentración que nos pueden ayudar a cultivar la visión correcta. Esta visión correcta es la mirada que tenemos de la realidad de la vida.

Los tres sellos del *Dharma*

Los tres sellos del *Dharma* son tres concentraciones: en la impermanencia, el no yo y el nirvana. Son la marca de toda enseñanza budista y son las llaves para tocar cada fenómeno profundamente y abrir la puerta de la realidad. La consciencia plena y la concentración son las energías que usamos para estar en contacto con algo. Cuando estamos en contacto con nuestro corazón, por ejemplo, nuestro corazón lo nota, y se siente muy feliz de recibir nuestra atención. Si usamos la plena consciencia para entrar en contacto profundo, veremos su naturaleza impermanente. El hecho de que nuestro corazón estuviera sano hace tres meses no nos garantiza que estará sano siempre, especialmente si no lo cuidamos. Al mismo tiempo, vemos la naturaleza interdependiente del no yo de nuestro corazón. El bienestar de nuestro corazón depende de muchos otros elementos, como la salud de los otros órganos, lo que comemos y bebemos, nuestro medio ambiente y factores hereditarios.

Cuando miramos profundamente en la naturaleza impermanente y de no yo de nuestro corazón, empezamos a comprender los problemas que tiene. Sentimos amor y deseamos cuidarlo, y nuestra forma de actuar puede transformar el estado de nuestro corazón. Lo mismo se aplica a todas las demás partes de nuestro cuerpo. Dejamos de fumar y comemos y bebemos de manera saludable para no causar daño a nuestro hígado, para que nuestros pulmones funcionen bien y para que la sangre fluya hacia y desde nuestro corazón sin problemas. Cuando usamos los tres sellos del *Dharma* como llave para abrir la puerta de la realidad de nuestro cuerpo, llegamos a comprenderlo profundamente. Solo cuando lo comprendamos así, podremos cuidarlo con la debida atención. De la misma manera, podemos usar estas tres llaves para abrir la puerta de la realidad de todos los fenómenos. La impermanencia y el no yo pertenecen al mundo de los fenómenos, la dimensión histórica. Cuando tocamos los fenómenos profundamente, miramos al mundo en términos de impermanencia y no yo, entonces estamos en la esfera del nirvana, la dimensión última, y nos sentimos tranquilos y sin miedo. La impermanencia y el no yo son, en esencia, lo mismo, ambos significan la ausencia de un yo separado y permanente. Lo llamamos impermanente cuando lo miramos en términos de tiempo y no yo cuando lo miramos en términos de espacio. Nuestro depósito de consciencia, nuestra mente inconsciente, es impermanente y no tiene un yo separado; al igual que una flor o un pedazo de pan, contiene todos los fenómenos del cosmos.

Impermanencia

Intelectualmente sabemos que todo es impermanente, pero en nuestra vida diaria, nos seguimos comportando como si las cosas fueran permanentes. La impermanencia es más que una idea. Es una práctica que nos ayuda a tocar la realidad. Cada vez que miramos o escuchamos el objeto de nuestra percepción, nos revela la naturaleza de su impermanencia. Podemos nutrir nuestra mirada de la impermanencia durante todo el día. Cuando miramos profundamente en la impermanencia, vemos que las cosas cambian debido a que las causas y condiciones cambian.

Necesitamos aprender a apreciar el valor de la impermanencia. Si tenemos buena salud y somos conscientes de la impermanencia, nos cuidaremos mucho más. Cuando sabemos que la persona que amamos es impermanente, apreciaremos a nuestra persona amada mucho más. La impermanencia nos enseña a respetar y valorar cada momento y todas las cosas que nos rodean, así como las que tenemos dentro de nosotros. Cuando practicamos con consciencia plena la impermanencia, no damos las cosas por sentadas, nos hacemos más presentes, más amorosos y vemos todo con una mirada fresca.

Mirar profundamente se puede convertir en una forma de vida. Podemos practicar la respiración profunda para ayudarnos a estar en contacto con las cosas y mirar en lo profundo su naturaleza impermanente. Esta práctica nos ayudará a dejar de quejarnos de que todo es impermanente. La impermanencia es lo que permite la transformación. Gracias a la impermanencia, podemos cambiar el sufrimiento por alegría. Cuando practicamos el arte de vivir con plena consciencia, no sentiremos ningún arrepentimiento cuando las cosas cambien.

Tenemos que nutrir nuestra mirada profunda en la impermanencia todos los días. Si lo hacemos, viviremos con mayor presencia consciente, sufriremos menos y gozaremos mucho más de la vida. Al vivir profundamente, conectamos con el cimiento de la realidad, el nirvana, el mundo de no nacimiento y no muerte. Al ser profundamente conscientes de la impermanencia, conectamos con el mundo que hay detrás de la permanencia e impermanencia. Llegamos a lo más profundo del ser y vemos que lo que hemos estado llamando ser y no ser son solamente nociones. Nada se pierde nunca. Nada se gana nunca.

Practicar la visión de la impermanencia

Supón que estás enojado con tu pareja porque hizo algo que te provocó un gran sufrimiento. Sufres tanto que deseas decirle algo para hacerla sufrir. Crees que, si haces esto, sufrirás menos. Somos lo suficientemente inteligentes para comprender que esta es una conducta infantil, pero aun así actuamos de esa manera. Si dices algo para hacer sufrir a la otra persona, luego esta sentirá alivio si puede decirte algo para que sufras. Ambos estaréis practicando una escalada de la ira. Supón que, en lugar de eso, practicas la concentración sobre la impermanencia. Solo cierra tus ojos e inhala. A los tres o cuatro segundos de tu inhalación, visualiza cómo estará la persona que amas dentro de trescientos años.

¿Qué será de mi amado dentro de trescientos años?
¿Qué será de mi dentro de trescientos años?

La concentración en la impermanencia te lleva de inmediato a la visión de que la persona que amas es impermanente, que tú eres impermanente y que es una tontería estar haciéndoos sufrir el uno al otro en el momento presente. La concentración en la impermanencia traerá la visión completa, permitiendo que seas consciente de una forma muy real de la impermanencia de ambos. Cuando abras los ojos, serás feliz de ver que estáis vivos todavía, que lo único que deseas es abrir tus brazos y abrazar a la persona que amas.

Inhalando, querida, sé que aún estás viva,
exhalando, me siento muy feliz.

No yo

Cuando miramos profundamente cualquier cosa, vemos que su existencia es solamente posible porque existe todo los demás. Desde el punto vista del tiempo, a esto lo llamamos impermanencia y, desde el punto de vista del espacio, lo llamamos no yo. Las cosas no pueden permanecer igual en dos momentos consecutivos, por lo tanto, no hay nada que pueda llamarse un ser permanente. De un momento al otro, eres diferente física y mentalmente. Mirando profundamente la impermanencia, la llamas no yo. Y mirando en profundidad al no yo, puedes ver la transitoriedad. Podemos ver que estamos hechos de elementos no yo, y podemos reconocer dentro de nosotros a nuestros ancestros, padres, cultura y sociedad. Esta enseñanza debe ser tan sencilla que los niños también la puedan comprender. Por ejemplo, podemos visualizar el elemento familia en nosotros:

Dentro de mí, veo a mi padre como a un niño de cinco años,
    pequeño y vulnerable.
Le sonrío con compasión.

Esta meditación guiada puede ayudarnos a reconocer la verdad del no yo. Cuando sabes que estás hecho de elementos no yo, sabes que tu padre está en ti, totalmente vivo y en cada célula de tu cuerpo, y que su sufrimiento todavía está en ti. Esta práctica puede llevarnos a la visión del interser y del no yo. Te puede liberar de toda ira que tengas hacia la otra persona.

La visión profunda nos brinda amor, y el amor no se da sin esta visión. Si no comprendes, no puedes amar. Esta es la visión profunda, es comprensión directa y no solo una idea. En meditación, permitimos que la luz de la visión profunda brille en nosotros. Nada tiene una existencia separada, un yo separado. Todo tiene que interser con lo demás.

Galletas sin yo

La primera vez que probé galletas de mantequilla de maní, ¡me encantaron! Estaba en el Centro Zen de la Montaña de Tassajara, en California. Para prepararlas, tienes que mezclar primero todos los ingredientes y luego con una cuchara separas la masa en porciones que vas colocando en un papel de hornear. Imagino que cada vez que una porción de la masa es colocada sobre la bandeja empieza a pensar que ella es un ente separado. Tú, el creador de las galletas, conoces la verdad y sientes mucha compasión por ellas. Sabes que originalmente eran una sola y que, aún ahora, la felicidad de cada galleta es la felicidad de las otras galletas. Pero ellas han desarrollado una percepción discriminatoria y ponen barreras entre ellas. Cuando las metes al horno, empiezan a hablar unas con otras: «Quítate de mi camino. Quiero estar en el centro», «Yo soy de un tono tostado y soy bella», «¡Tú eres fea!», «¿Podrías moverte un poco hacia otro lado?». Nosotros tenemos la tendencia de comportarnos de esa manera también, y eso causa mucho sufrimiento. Si supiéramos reconocer nuestra mente no discriminatoria, nuestra felicidad y la de los demás se incrementaría mucho.

Todos tenemos la capacidad de vivir con la sabiduría de la no discriminación, pero tenemos que entrenarnos para mirar de ese modo, ver que la flor está en nosotros que la montaña está en nosotros, nuestros padres e hijos son todos nosotros. Cuando vemos que todas las personas y todas las cosas pertenecen a la misma corriente de vida, nuestro sufrimiento se desvanece. El no yo no es una doctrina ni una filosofía, es una visión profunda que puede ayudarnos a vivir más en la realidad, sufrir menos y disfrutar la vida mucho más.

Nirvana

Cuando comprendemos la impermanencia y el no yo, estamos ya en contacto con el nirvana. Mucha gente cree que el nirvana es ese lugar de felicidad donde la gente iluminada va cuando muere. Esta es una idea totalmente equivocada. El nirvana puede alcanzarse aquí y ahora, en esta vida. Nirvana significa liberación y libertad. Si somos capaces de liberarnos de nuestras aflicciones, tales como el apego, el odio y los celos, y también de nuestras visiones erróneas, tales como nuestras ideas sobre nacimiento y muerte, ser y no ser, llegar y partir, yo y el otro, mismo y diferente, podemos estar en contacto con el nirvana en el momento presente.

El nirvana no se puede describir con palabras ni conceptos, porque está fuera de nuestro lenguaje y nociones. Nirvana significa tomarte el tiempo para disfrutar donde quiera que estés. La felicidad que viene del nirvana es muy grande. Si queremos disfrutar el nirvana, debemos abandonar todas las cosas que nos atan en la vida diaria y casi automáticamente, el nirvana está allí. Es como abandonar nuestras mantas calientes y nuestro ocio, abrir la puerta y salir. Inmediatamente, la brisa fresca, la luna y las estrellas estarán ahí para nosotros. No desees nada menos que esto.

Prácticas
para desarrollar
la concentración

Dieciséis ejercicios
de respiración en plena consciencia

En el *Sutra de la plena consciencia de la respiración*, Buda nos enseña cómo desarrollar nuestra concentración y transformar nuestro miedo, desesperanza, ira y apego. Me sentí muy feliz el día que descubrí este texto. Pensé que había descubierto el tesoro más grande del mundo. Antes, me contentaba simplemente con adquirir conocimiento. No sabía cómo disfrutar el momento presente, mirar profundamente en mi vida y disfrutar las condiciones positivas de las que estaba rodeado. Este *sutra* es tan básico y maravilloso. Existen muchos *sutras* importantes, pero acercarse a ellos sin conocer este es como tratar de alcanzar el pico de una montaña sin un camino por el cual ir.

Hay cuatro grupos de cuatro ejercicios. El primer grupo es para mirar el cuerpo. El segundo es para mirar en nuestros sentimientos. El tercero es para contemplar nuestra mente. El cuarto es para contemplar los objetos de nuestra mente, o sea, todos los fenómenos.

El cuerpo

Los primeros cuatro ejercicios nos ayudan a regresar a nuestro cuerpo para mirar profundamente en él y cuidarlo. El primer objeto de la consciencia es nuestra respiración. Nuestra respiración puede ser corta, larga, pesada o ligera. Solo toma nota, sin tratar de cambiarla. Déjala ser. Cuando practicamos estar conscientes de esta forma, nuestra mente y nuestra respiración se convierten en una. También notamos que nuestra respiración es un aspecto del cuerpo y la consciencia de la respiración nos pone en contacto con el cuerpo. Es importante que en nuestra vida diaria aprendamos a crear armonía y tranquilidad en nuestro cuerpo para reunirlo con la mente. Cuando respiramos, inhalamos y exhalamos conscientes, traemos de vuelta a casa a nuestra mente. Nos enfocamos en el cuerpo para calmarlo, relajarlo, sanarlo y traerle paz.

1. Conscientes de la respiración

El primer ejercicio es estar conscientes de nuestra inhalación y exhalación. Cuando inhalas, trae tu atención a tu inhalación. Enfoca tu atención solamente en tu inhalación y suelta todo lo demás: el pasado, el futuro, tus proyectos. Al inhalar eres libre, porque en ese momento no eres tu tristeza, tu miedo o tu arrepentimiento. Eres solo tu inhalación. Al inhalar, repite la primera frase en silencio, al exhalar di la segunda frase. Cuando continúas respirando, dentro y fuera, puedes usar únicamente las palabras clave «dentro, fuera».

Inhalando, sé que estoy inhalando.
Exhalando, sé que estoy exhalando.
Dentro.
Fuera.

Cuando practicas este ejercicio, estás ya en la iluminación. Normalmente, no sabemos que estamos inhalando. Ahora, ponemos nuestra atención en ello y lo reconocemos. «Estoy inhalando». Puede ser que tengamos una visión profunda («¡Estoy vivo!»). Estar vivo es algo maravilloso. Inhalar y exhalar conscientemente puede resultar muy agradable. Esta es la base de la práctica de la plena consciencia. Por favor, no subestimes este ejercicio. Aunque hayas practicado la respiración en plena consciencia durante muchos años, esta sigue siendo una práctica maravillosa y podrás continuar recibiendo más y más beneficios de ella.

2. Seguir la respiración

Inhalando, sigo mi inhalación de principio a fin.
Exhalando, sigo mi exhalación de principio a fin.
Sigo la inhalación.
Sigo la exhalación.

No hay interrupción en tu atención durante todo el tiempo que estés inhalando y exhalando. Enfocas tu mente totalmente en ello. No se pierde ni un milisegundo. El objeto de tu concentración es tu inhalación. Estás por completo con tu inhalación y habitas sólidamente en ella. No hay más pensamiento, no hay pasado, no hay futuro. Estás realmente disfrutando tu inhalación. No tienes que sufrir durante la práctica. Cuando enfocas tu atención en la respiración, pronto te das cuenta de que vives la realidad, el presente aquí y ahora, sentado sobre este hermoso planeta Tierra, y a tu alrededor hay árboles, sol y cielo azul. Cuando practicas la respiración consciente al andar, ves que es una maravilla estar vivo y dar pasos sobre este hermoso planeta, y así la felicidad aparece de inmediato.

3. Consciencia del cuerpo

Inhalando, soy consciente de todo mi cuerpo.
Exhalando, soy consciente de todo mi cuerpo.

Vemos que la consciencia de nuestra respiración es también, consciencia de todo el cuerpo. Nuestra mente, nuestra respiración y todo nuestro cuerpo son uno solo. Reconectamos con nuestro cuerpo. Recordamos que está ahí. Cuando cuerpo y mente están juntos, estamos realmente presentes y podemos vivir profundamente cada momento de la vida diaria. Nos reconciliamos con nuestro cuerpo, nos convertimos en nuestro cuerpo y no hay más alienación y separación de cuerpo y mente. Regresando a nuestro cuerpo, tocamos la maravilla que es. Su funcionamiento es resultado de millones de procesos. Si sabes cómo estar en contacto con tu cuerpo, puedes conectar con la Madre Tierra y con todo el cosmos.

4. CALMAR Y SOLTAR LA TENSIÓN DEL CUERPO

Inhalando, calmo mi cuerpo.
Exhalando, suelto la tensión de mi cuerpo.

Cuando calmo mi cuerpo, este puede descansar. El descanso es una precondición para sanar cuerpo y mente. Al volver a nuestro cuerpo, podemos hacernos conscientes del sufrimiento y la tensión que hay en él. Cuando vivimos en el olvido, dejamos que el estrés y el dolor se acumulen en nuestro cuerpo y la vida moderna trae consigo estrés adicional. Tenemos que ser amables con nuestro cuerpo y darle la oportunidad de relajarse. Mientras inhalamos y exhalamos, calmamos nuestro cuerpo y permitimos que la tensión salga.

Cualquiera que sea la posición de nuestro cuerpo, ya sea que estemos recostados, de pie, sentados o andando, siempre podemos practicar la respiración consciente y soltar la tensión. Puedes practicar mientras preparas tu desayuno, te duchas, conduces el auto o vas sentado en el autobús. No se requiere que encuentres un momento especial. No debemos decir: «No tengo tiempo para practicar». Tenemos tiempo suficiente. Podemos practicar durante todo el día y obtener el beneficio de la práctica de inmediato.

Al dirigirnos hacia el aula de clase, el trabajo o la sala de meditación, puedes soltar la tensión en cada paso. Camina como una persona libre y disfruta cada paso. No tienes prisa. Camina en calma, soltando la tensión del cuerpo en cada paso. Esta es la forma en que deberías andar cada vez que necesites ir de un lugar a otro. Cuando practicas de esta manera, te relajas y sientes alegría que beneficia también a todos los que están a tu lado. Practicar la respiración consciente es un acto de amor. Te conviertes en un instrumento de alegría y paz y puedes ayudar a otros.

El reino de las sensaciones

Con los siguientes cuatro ejercicios, regresamos a nuestras sensaciones y sentimientos para desarrollar alegría y felicidad y poder transformar el sufrimiento. Nosotros somos nuestras sensaciones. Si no las cuidamos nosotros, ¿quién lo hará? Cada día tenemos sensaciones dolorosas y necesitamos aprender a cuidarlas. Nuestros maestros y amigos pueden ayudarnos hasta cierto punto, pero nosotros tenemos que hacer el trabajo. Nuestro cuerpo y nuestras sensaciones son nuestro territorio y somos el rey o la reina responsables de ese territorio. Después de respirar conscientemente y calmar el cuerpo, es natural que surjan sensaciones de alegría y bienestar. Cuando empieces a hacer los dieciséis ejercicios, verás que cada uno de ellos te lleva al siguiente.

5. Cultivar la alegría

Inhalando, soy consciente de la sensación de alegría.
Exhalando, soy consciente de la sensación de alegría.

Tenemos la tendencia a perdernos en nuestro trabajo y nuestras preocupaciones y no vemos las maravillas de la vida. Ahora, estamos volviendo para estar en contacto con el aire limpio, una taza de té, las flores y la hierba en el maravilloso planeta Tierra. Nos damos cuenta de que nuestros sentidos nos permiten tocar estas cosas y la alegría llega fácilmente.

6. Cultivar la felicidad

Inhalando, soy consciente de la sensación de felicidad.
Exhalando, soy consciente de la sensación de felicidad.

En el sexto ejercicio, la alegría se convierte en felicidad y paz. La felicidad es posible aquí y ahora. Solo necesitamos inhalar durante unos segundos para ver que es posible ser feliz ahora mismo. Mucha gente cree que la riqueza, el poder o la fama los harán felices. Pero practicando de esta manera, sabemos que la plena conciencia y la concentración son las fuentes de la felicidad. La alegría y la felicidad difieren un poco en que la alegría todavía contiene un poco de excitación.

Tenemos la tendencia a creer que no tenemos suficientes condiciones para ser felices. Corremos hacia el futuro y buscamos más condiciones de felicidad. Si dominamos los primeros cuatro ejercicios y nos establecemos en el aquí y el ahora, nos será fácil reconocer que ya tenemos más que suficientes condiciones para ser felices. «Inhalando, soy consciente de la sensación de felicidad» no es imaginación o deseo, porque cuando volvemos a nosotros, podemos estar en contacto con las condiciones de felicidad dentro y alrededor de nosotros.

7. Reconocer sensaciones dolorosas

Inhalando, soy consciente de una sensación dolorosa en mí.
Exhalando, soy consciente de una sensación dolorosa en mí.

Esta es la práctica de un simple reconocimiento de una sensación dolorosa que surge. Existe una energía del dolor, pero también está la energía de la plena consciencia que puede reconocer y abrazar ese dolor tiernamente, sin el deseo de suprimirlo. Cuando no practicamos, es fácil permitir que el dolor nos domine o que tratemos de encubrirlo por medio de la comida, escuchando música, conectándonos a internet; cualquier cosa con tal de no enfrentar el sufrimiento interno. El mercado nos proporciona muchas cosas para cubrir el sufrimiento. Al consumir, permitimos que el sufrimiento crezca. Tenemos que estar en contacto con nuestro dolor para tener la oportunidad de sanarlo. Practicamos la meditación para estar en contacto con nuestra felicidad y con nuestro sufrimiento y dolor. Traer nuestra mente de vuelta al cuerpo y cultivar la alegría y la felicidad nos da la fuerza que necesitamos para encontrar y abrazar nuestras sensaciones dolorosas. Ya no estamos huyendo o cubriendo las sensaciones. Cuidando de nuestra sensación dolorosa, nuestro cuerpo y mente ya no están alejados uno de la otra.

8. Aliviar una sensación dolorosa

> Inhalando, abrazo mi sensación dolorosa.
> Exhalando, calmo mi sensación dolorosa.

Cuando sabemos cómo abrazar tiernamente una sensación dolorosa o una emoción, ya logramos obtener algún alivio. Cada vez que notamos que surge una sensación o emoción dolorosas, volvemos a nuestra respiración consciente y generamos la energía de plena consciencia y concentración para reconocer y abrazar el dolor, de la misma manera en que una madre reconoce el sufrimiento de su hijo y lo abraza amorosamente en sus brazos. Con estos ejercicios para las sensaciones, sabemos cómo manejar la felicidad y el dolor. Cuando sabemos cómo manejar la felicidad, podemos continuar nutriendo nuestro amor, paz y felicidad conscientemente y mantenerlos ahí durante largo tiempo. Cuando hay dolor, no tenemos miedo porque sabemos cómo manejarlo, sanarlo y transformar el dolor en una mayor comprensión. Al principio quizá no sepamos de dónde ha surgido el sufrimiento, pero si podemos reconocerlo y abrazarlo tiernamente, sufriremos menos. Si continuamos con plena consciencia y concentración, descubriremos muy pronto la fuente y las raíces de nuestro dolor y sufrimiento, y surgirán la comprensión y la compasión.

La mente

La mente está hecha de formaciones mentales. Cada formación mental es como una gota de agua en el río de la mente. La ira, el miedo, la plena consciencia, la concentración, el amor bondadoso y la visión profunda son formaciones mentales. En el noveno ejercicio de la respiración consciente, nos sentamos a la orilla del río de las formaciones mentales para reconocer cualquier formación mental que surja.

9. CONSCIENTES DE LAS FORMACIONES MENTALES

Inhalando, contemplo mi mente.
Exhalando, contemplo mi mente.

Todas las formaciones mentales pueden manifestarse en la consciencia mental. Existen cincuenta y una categorías de formaciones mentales: cinco universales, cinco particulares, once saludables, veintiséis insanas y cuatro indeterminadas. Primero hay cinco formaciones mentales que se llaman universales porque operan todo el tiempo y en todos los niveles de consciencia. Las cinco particulares no operan en cada consciencia. Las categorías de formaciones mentales sanas son compasión, amor bondadoso, fe y otras. La categoría de formaciones mentales no sanas incluye la mayor parte de las aflicciones, tales como codicia, ira y engaño y otras formaciones mentales menos dañinas como la vejación, el egoísmo, la envidia, etc.

Las formaciones mentales indeterminadas o neutras no son inherentemente sanas o insanas. Si lastimamos a alguien y lo lamentamos, este es un sentimiento benéfico. Pero si nuestro lamento nos lleva a un complejo de culpa que influye en cualquier cosa que hagamos en el futuro, puede convertirse en lamento insano. Cuando nuestro pensamiento nos ayuda a mirar con claridad, es benéfico. Pero si nuestra mente se dispersa en varias direcciones, ese pensamiento no es benéfico.

Todas las formaciones mentales están en nuestra consciencia en forma de semillas. Cada vez que una de ellas se manifiesta como energía, tenemos que estar muy conscientes para reconocerla y llamarla por su verdadero nombre. «Hola, mi formación mental. Tu nombre es celos. Te conozco. Te cuidaré muy bien».

Thich Nhat Hanh agregó algunas formaciones mentales a la lista tradicional.

Cinco formaciones mentales universales

Contacto

Atención

Sensaciones

Percepción

Volición

Cinco formaciones mentales particulares

Intención

Determinación

Plena consciencia

Concentración

Visión profunda

Once formaciones mentales sanas

Fe

Vergüenza interior

Vergüenza ante los demás

Ausencia de deseos vehementes

Ausencia de odio

Ausencia de ignorancia

Diligencia

Tranquilidad

Atención

Ecuanimidad

No dañar

Formaciones mentales sanas agregadas por Thich Nhat Hanh

No miedo

Ausencia de ansiedad

Estabilidad

Amor bondadoso

Compasión

Alegría

Humildad

Felicidad

Desapasionamiento

Libertad

Seis formaciones mentales primarias no sanas

Deseo insaciable

Odio

Ignorancia

Arrogancia

Duda

Visión equivocada

Veinte formaciones mentales secundarias insanas

Ira

Resentimiento

Encubrimiento

Malicia

Celos

Egoísmo

Decepción

Engaño

Deseo de dañar

Malicia

Falta de vergüenza interior

Falta de vergüenza ante
  los demás

Inquietud

Letargo

Falta de fe

Pereza

Negligencia

Olvido

Distracción

Falta de discernimiento

**Formaciones mentales sanas
agregadas por
Thich Nhat Hanh**

Miedo

Ansiedad

Desesperación

**Cuatro formaciones mentales
indeterminadas
(ni sanas ni insanas)**

Arrepentimiento

Somnolencia

Pensamiento inicial

Pensamiento continuo

10. ALEGRAR LA MENTE

Inhalando, hago feliz a mi mente.
Exhalando, hago feliz a mi mente.

Es más fácil para la mente concentrarse cuando está en paz, en estado de felicidad, que cuando está llena de tristeza o ansiedad. Estamos conscientes de que tenemos la oportunidad de practicar la meditación y que no hay un momento más importante que el presente. Calmadamente, viviendo el momento presente, surge la alegría cada vez que reconocemos en nosotros las semillas de compasión, fe, bondad, ecuanimidad, libertad, amor, perdón, comprensión, etc. Sabemos que estas formaciones mentales están enterradas profundamente en nuestra consciencia como semillas y que solo necesitamos tocarlas y regarlas con la respiración consciente para que se manifiesten. En nuestra vida diaria debemos darnos la oportunidad de nutrirlas y de manifestarse como formaciones mentales hermosas. Cada vez que aparezca la formación mental de la compasión y la alegría, nos sentiremos de maravilla. Tenemos muchas formaciones mentales buenas en nuestra consciencia y debemos darles la oportunidad de manifestarse tan seguido como sea posible.

Sabemos que la persona que amamos también tiene cosas buenas dentro y nos gustaría ayudarla a que sus semillas surjan y la hagan feliz. No queremos regar semillas de ira, miedo y celos en ese ser amado. Solo quieres regar las semillas de la alegría, felicidad y compasión en ti y en la otra persona. Esta es la práctica del riego selectivo, de la diligencia correcta. Esta práctica fortalece nuestra mente para que, cuando queramos abrazar y mirar nuestras formaciones mentales negativas, podamos hacerlo con mayor claridad y solidez.

11. Concentración

Inhalando, concentro mi mente.
Exhalando, concentro mi mente.

Meditar significa estar totalmente presente y concentrarse en el objeto de la meditación. Todas las formaciones mentales que se manifiestan en el momento presente pueden convertirse en los objetos de tu concentración. Enfocas tu mente por completo en un objeto, como los lentes al recibir los rayos del sol, concentrados para convergir en un punto. De esta forma, puedes traspasar hasta la naturaleza del objeto de tu meditación y tener el tipo de visión, la mirada que contiene comprensión y que te ayudará a liberarte de las cosas que te atan, como tu ira, tus deseos y tu ilusión de la realidad.

12. Liberación

Inhalando, libero mi mente.
Exhalando, libero mi mente.

La felicidad es posible cuando nos liberamos de nuestra ira, miedo e ilusión. Con los ocho ejercicios podemos liberarnos, pero nuestra mente puede seguir atada al pasado, al futuro, a los deseos, a la ira y a otras aflicciones. Si observamos con claridad, podemos localizar los nudos que nos atan y que hacen imposible que nuestra mente esté libre y en paz. Desatamos los nudos y lazos que atan nuestra mente. En completa consciencia de la respiración, la luz de la observación alumbra, ilumina la mente y la libera. Si miramos profundamente en la naturaleza de las formaciones mentales como el miedo, la ira o la ansiedad, podemos obtener la comprensión que nos libere de las causas del sufrimiento, el apego, la violencia y la ilusión.

Los objetos de la mente

Los últimos cuatro ejercicios de la respiración consciente nos ofrecen algunas prácticas de concentración que pueden ayudar a liberarnos de las percepciones equivocadas y la ilusión que han perpetuado nuestro sufrimiento.

La mente y el objeto de la mente surgen al mismo tiempo, la mente y su objeto están siempre juntos. La consciencia es siempre consciencia de algo. La sensación siempre siente algo. Amor y odio siempre aman u odian algo. Todos los fenómenos fisiológicos como la respiración, el sistema nervioso y los órganos de los sentidos son, todos, fenómenos fisiológicos, tales como las sensaciones, los pensamientos y la consciencia, y todos los fenómenos físicos, tales como tierra, agua, hierba, árboles, montañas y ríos, son objetos

de la mente. El ámbito de los objetos de la mente es el reino de
la percepción.

13. Impermanencia

Inhalando, observo la naturaleza impermanente de todas las cosas.
Exhalando, contemplo la naturaleza impermanente de todas las cosas.

El decimotercer ejercicio de la respiración alumbra la naturaleza
siempre cambiante, impermanente, de todo lo que existe.
Nuestra respiración es también impermanente. La visión de la
impermanencia abre el camino para que miremos la interrelación
y la naturaleza de no yo de todo lo que existe. Nada posee un yo
separado e independiente.

La contemplación de la impermanencia nos ayuda a vivir
la vida con la visión de la impermanencia para que podamos
liberarnos de muchas aflicciones tales como la ira, el miedo o

la ilusión. No es la idea o noción de la impermanencia, sino la visión de la impermanencia la que nos puede liberar y salvar. La impermanencia no es una nota negativa en la canción de la vida. Si no hubiera impermanencia, la vida sería imposible. Sin impermanencia, ¿cómo podría crecer tu pequeña niña y convertirse en una joven mujer? Sin impermanencia, ¿cómo tendrías la esperanza de transformar tu sufrimiento? Puedes tener la esperanza de transformar tu sufrimiento porque sabes que es impermanente. Así pues, la impermanencia es algo positivo. Podríamos decir: «¡Que viva la impermanencia!».

14. Soltar

Inhalando, contemplo el soltar.
Exhalando, contemplo el soltar.

Esta es la práctica de soltar y dejar ir nuestras nociones e ideas. Nociones de nacimiento y muerte, ser y no ser, yo y otro, igual y diferente son la base de nuestro miedo y ansiedad. Dejar ir estas nociones te libera. Puedes conocer tu verdadera naturaleza. Soltamos nuestras nociones y estamos en contacto con la realidad. Para vivir con una mente clara y comprender las enseñanzas más profundas de nuestros grandes maestros espirituales, tenemos que quitarnos el pensamiento dualista, fuente de incomprensión y falsas percepciones. Si estamos atrapados en el pensamiento dualista, cuando observamos al padre y al hijo los vemos como dos personas totalmente diferentes. Pero cuando miramos profundamente al hijo, vemos al padre en cada célula del hijo. Aun cuando no quieras tener ninguna relación con tu padre nunca más porque te has enfadado con él, no podrás sacar a tu padre de ti. Tu padre está presente en cada célula de tu cuerpo.

15. Abandonar el deseo

Inhalando, observo la desaparición del deseo.
Exhalando, observo la desaparición del deseo.

Este ejercicio nos permite reconocer la naturaleza verdadera de nuestro objeto de deseo para ver que cada fenómeno es impermanente, que está ya en proceso de desintegración, para que no seamos poseídos por la idea de aferrarnos a nada como objeto de deseo como si fuera una entidad separada. Cuando inhalamos y miramos profundamente en nuestro objeto de deseo insaciable, vemos todos los peligros escondidos dentro de él. Sabemos que ir tras él puede destruir nuestro cuerpo y mente. Vemos a muchas personas destruirse por perseguir el objeto de su deseo. Al mismo tiempo otras personas se dan cuenta de que la verdadera felicidad la conforman la comprensión y el amor. Cuanto más cultivan la comprensión y el amor, más felices son. Esa es la forma en que debemos contemplar el deseo para que nos ayude a liberarnos. Miramos profundamente para ver la verdadera naturaleza del objeto de nuestro deseo.

16. Extinción de toda noción

Inhalando, contemplo la extinción de todas las nociones.
Exhalando, contemplo la extinción de todas las nociones.

El nirvana es nuestra verdadera naturaleza de no nacimiento y no muerte, no yo y no «no yo». El nirvana es una visión profunda, es estar libres de todo tipo de nociones, conceptos, ideas y percepciones erróneas. Es posible tocar nuestra naturaleza del nirvana en esta misma vida. El nirvana está disponible en el aquí y el ahora. Muchas personas en la tradición cristiana usan la bella frase «descansa en Dios». Permitirte descansar en Dios es como una ola descansando en su naturaleza esencial: el agua. Imagina una ola levantándose y cayendo sobre la superficie del océano. Observando la ola, podemos ver que tiene un comienzo y un final, sube y baja. Pero si la ola se ve a sí misma, se da cuenta de que es agua. Es una ola, pero también es agua, el agua no puede ser descrita en términos de ser y no ser, de venir y partir, de arriba y abajo. La ola es agua en el aquí y en el ahora.

Así como la ola no necesita buscar agua, nosotros no necesitamos buscar el nirvana. El nirvana ya está aquí. Podemos disfrutar el nirvana de inmediato. Con plena consciencia y concentración, podemos tocar nuestra verdadera naturaleza. Sabemos que una nube no puede morir, puede solamente convertirse en nieve, lluvia o hielo. Una nube no puede volverse nada. La verdadera naturaleza de no nacimiento y no muerte está ahí, en todo lo que vemos, incluyéndonos a nosotros. Ser una nube flotando en el cielo es algo maravilloso y convertirte en lluvia cayendo sobre la Tierra para nutrir todo es también algo maravilloso. Convertirse en río, convertirse en una taza de té para que alguien pueda beberla es también maravilloso. Convertirte en vapor de agua y volver a ser una nube otra vez es algo maravilloso.

Esta visión profunda corresponde a lo que la ciencia ha encontrado y expresado en la primera ley de la termodinámica: nada se crea, nada se extingue, todo está en transformación.

Puedes estudiar y practicar estos dieciséis ejercicios de manera inteligente. Los primeros cuatro ayudan mucho a nuestra concentración y cada vez que los practicamos nos son de mucha utilidad. Pero no es siempre necesario practicar los dieciséis ejercicios en secuencia o practicarlos en una sola sesión. Por ejemplo, puede que te guste enfocarte en la práctica del ejercicio catorce durante varios días o más. Estos ejercicios se han presentado de una manera muy sencilla, pero su efectividad es inconmensurable.

Las tres puertas
de la liberación

La práctica de los dieciséis ejercicios podemos agregar las concentraciones en las tres puertas de la liberación: el vacío, la ausencia de signo y la ausencia de objetivo. La enseñanza de las tres puertas de la liberación se encuentra en todas las escuelas de budismo. Al entrar por estas puertas, habitamos en concentración, en contacto con la realidad y libres de miedo, confusión y tristeza.

VACÍO

Inhalando, contemplo el vacío.
Exhalando, contemplo el vacío.

El vacío no significa la no existencia. Se refiere a la impermanencia, no yo, surgimiento interdependiente, o sea, que las cosas surgen dependiendo una de otra y están hechas de cada una. La flor depende de la lluvia, de la tierra y de otros elementos, y la flor está llena de todo lo que hay en el cosmos, luz del sol, nubes, aire y espacio. La flor está vacía solamente de una cosa: una existencia separada. Ese es el significado de vacío. Esta concentración es la llave para abrir la puerta de la realidad.

Mantenemos la consciencia de que todo está conectado. Nuestra felicidad y sufrimiento son la felicidad y el sufrimiento de otros. Nuestras acciones con base en el no yo estarán acordes con la realidad. Sabremos qué hacer y qué no hacer para mejorar cada situación. El verdadero vacío va más allá de nociones de existencia y no existencia, ser y no ser. Decir que la flor existe no es del todo correcto, pero decir que no existe tampoco es correcto. Todo está en un estado de cambio constante y está vacío de un ser separado. Cuando penetramos el vacío profundamente, vemos la naturaleza de interser en todo lo que hay.

Sin signo

Inhalando, contemplo la ausencia de signo.
Exhalando, contemplo la ausencia de signo.

«Signo» significa una forma, una apariencia, un objeto de nuestra percepción. Todo se manifiesta por medio de formas o signos, pero tenemos la tendencia a quedar atrapados en estos signos. Si ves una flor solo como una flor y no ves el sol, las nubes, la tierra, el tiempo y el espacio en ella, quedas atrapado en el signo de la flor. Cuando tocas la naturaleza de interser de la flor, es cuando realmente ves la flor. Si ves a una persona y no ves también su sociedad, educación, ancestros cultura y medio ambiente, no has visto realmente a esa persona. En cambio, lo que has tomado por el signo de esa persona es su apariencia externa de un yo separado. Cuando puedes ver a esa persona profundamente, ves el cosmos entero y dejas de engañarte por las apariencias. Hasta que no llegamos a conocer en profundidad la naturaleza de no signo de las cosas, no podemos experimentar la realidad. El mayor consuelo es cuando rompemos las barreras del signo y alcanzamos el mundo del no signo, el nirvana. ¿Dónde buscamos para encontrar el mundo carente de signos? Justo aquí en el mundo de los signos. Cuando vamos más allá de los signos, entramos al mundo de la no dualidad, no miedo y no culpa. Podemos ver la flor, el agua y a nuestro hijo más allá del tiempo y el espacio. Sabemos que nuestros ancestros están presentes justo aquí, ahora mismo. Vemos que Buda, Jesús, Gandhi, Martin Luther King, Jr., y todos nuestros ancestros espirituales no han muerto.

SIN OBJETIVO

> Inhalando, contemplo la ausencia de objetivo.
> Exhalando, contemplo la ausencia de objetivo.

No hay nada que hacer, ningún lugar a donde ir, nada que realizar, nada que lograr. ¿Tiene algo que hacer la rosa? No, el propósito de una rosa es ser una rosa. Tu propósito es ser tú mismo. Tú contienes todo el cosmos. No tienes que correr detrás de nada ni convertirte en otra persona. Tú eres maravilloso así como eres. No tener objetivo nos permite disfrutar tanto de nosotros como del cielo azul y de todo lo que es refrescante y sanador en el momento presente.

No necesitamos ponernos nada enfrente para correr detrás de ello. Ya tenemos todo lo que buscamos. La vida es preciosa tal como es. Todos los elementos para que seas feliz ya están aquí.

No se necesita correr, luchar, buscar o batallar, simplemente sé. Simplemente estar presentes en el momento, en este lugar, es nuestra práctica más profunda de meditación. La mayoría de las personas creen que andar como si no tuvieran a donde ir es suficiente. Piensan que luchar y competir son cosas normales y necesarias. Trata de practicar sin objetivo durante cinco minutos y verás lo feliz que eres durante esos cinco minutos.

El momento de cortar leña y llevar agua es el momento de la felicidad. No tenemos que esperar a terminar estas tareas para ser felices. Ser felices en este momento es el espíritu de sin objetivo. De otra manera, correremos en círculos el resto de nuestras vidas. Tenemos todo lo que necesitamos para hacer del momento presente el momento más feliz en nuestra vida; aunque tengamos dolor de cabeza o estemos resfriados, no tenemos que esperar. Estar resfriados es parte de la vida.

No meditamos para iluminarnos, porque la iluminación

está ya en nosotros. No tenemos que buscar en otro lado. No necesitamos un propósito o una meta. No practicamos para obtener una posición más alta. Cuando nos damos cuenta de que no nos falta nada, de que tenemos ya lo que queremos ser, entonces detenemos nuestra lucha. Estamos en paz en el momento presente solo mirando cómo pasa la luz del sol por nuestra ventana o escuchando el sonido de la lluvia. No tenemos que correr a ninguna parte. Podemos disfrutar cada momento. Las personas hablan de entrar en el nirvana, pero ya estamos en el nirvana. La ausencia de objetivo y el nirvana son uno. Todo lo que tenemos que hacer es ser nosotros mismos, completos y auténticos. Simplemente regresamos a nosotros y experimentamos la paz y la alegría que ya están ahí, dentro de nosotros y a nuestro alrededor.

editorial **K**airós

Puede recibir información sobre
nuestros libros y colecciones inscribiéndose en:

www.editorialkairos.com
www.editorialkairos.com/newsletter.html

Numancia, 117-121 • 08029 Barcelona • España
tel. +34 934 949 490 • info@editorialkairos.com